CONSEIL SUPÉRIEUR

DE

L'ASSISTANCE PUBLIQUE

Fascicule n° 19.

DÉPÔTS DE MENDICITÉ

(RAPPORTS ET PROJET DE RÉSOLUTION)

DÉPOTS DE MENDICITÉ

I

RAPPORT

DE M. LE DIRECTEUR DE L'ASSISTANCE PUBLIQUE

A

M. LE PRÉSIDENT DU CONSEIL
MINISTRE DE L'INTÉRIEUR

Monsieur le Président,

L'extinction de la mendicité est un des problèmes dont on a poursuivi la solution en France et ailleurs avec le plus de persévérance et le moins de succès. Le législateur de 1808 et de 1810 n'y a pas mieux réussi que ses nombreux devanciers.

Son système n'aurait pu être efficace qu'à la condition d'être appliqué d'une façon absolue et générale, ce qui impliquait l'obligation pour chaque département de se mettre en mesure d'offrir asile dans un dépôt de mendicité à tous les individus dénués de ressources, quel qu'en fût le nombre, qu'il reconnaîtrait pour ses ressortissants. Or, cette condition première est bien loin d'être remplie (1), et les parquets et tribunaux, éprouvant dès lors des doutes très fondés sur la légitimité d'application de l'article 274 du Code pénal, apportent dans la poursuite et la répression du délit de mendi-

_____

(1) Non seulement il n'existe en France que trente dépôts, mais beaucoup de ces dépôts sont à peine peuplés.

cité une indulgence qui rend l'action de la justice à peu près illusoire, même comme effet d'intimidation,

Ces dépôts, dans leurs conditions actuelles, n'ont donc pas procuré la répression prévue par la loi. J'ajoute que là où ils fonctionnent ils laissent considérablement à désirer au point de vue de l'assistance et du relèvement moral du mendiant.

Presque nulle part, dans l'installation de ces établissements, faute le plus souvent des moyens financiers nécessaires, on n'a tenu compte de l'intérêt qui s'attachait à séparer les vagabonds et gens dangereux, les mendiants de profession et d'habitude d'avec les individus poussés temporairement par la misère à demander l'aumône ou à solliciter d'eux-mêmes leur admission au dépôt. Et pourtant les antécédents de ces derniers auraient dû leur assurer un traitement plus doux. Il aurait fallu faire des quartiers séparés et appliquer des régimes différents à des populations d'origine et de valeur différentes. Or, le décret de 1808 n'a rien prescrit ni prévu dans ce sens; en fait, la séparation n'existe que dans quelques établissements. Le plus souvent d'ailleurs le dépôt, lorsqu'il n'est pas passé à l'état de fiction légale, contient une population très restreinte, et cela, la plupart du temps, parce que le fonctionnement sérieux de l'institution entraînerait des charges financières que les Administrations locales ne croient pas pouvoir assumer. L'organisation du travail y est tout à fait embryonnaire. Elle présente, il faut le reconnaître, des difficultés presque insurmontables ; il s'agit d'utiliser les forces et les capacités très inégales d'individus de tous les âges appelés à faire dans la maison des séjours de durée diverse, et trop peu nombreux pour que l'on puisse les grouper dans des ateliers distincts. Aussi, dans la plupart des dépôts, les mendiants ne sont-ils occupés qu'aux travaux domestiques et intérieurs de la maison. Ils n'apprennent pas un métier qui leur offre pour l'avenir des moyens d'existence et les détourne de mendier de nouveau lorsqu'ils auront été rendus à la liberté. Les reclus n'emportent à leur sortie qu'un pécule insignifiant, à moins d'avoir fait préalablement un temps de prison correctionnelle assez prolongé. Ajoutons que ce n'est qu'à Bordeaux et Châlons-sur-Marne qu'il existe des Comités de patronage s'occupant de trouver du travail aux mendiants sortis du dépôt. Enfin, les insubordonnés, les paresseux incorrigibles ne sont pas maintenus par une discipline assez sévère et ils exercent sur toute la population de l'établissement une détestable influence.

En résumé, un individu qui sort du dépôt est rejeté dans la Société sans plus de ressources qu'avant et souvent moins bon qu'il n'y était entré.

Cet état de choses n'appelle-t-il pas de sérieuses réformes. Conviendrait-il de provoquer une modification de la législation sur la matière? Suffirait-il, au contraire, en maintenant le système légal établi par les articles 271 et suivants du Code pénal, d'en poursuivre plus énergiquement l'application? Quels seraient, dans ce dernier cas, les moyens à employer?

La question, sous tous ces aspects, paraît se recommander à l'examen du Conseil supérieur de l'Assistance publique.

Elle présente, d'ailleurs, un autre sujet de méditations et d'études au point de vue des garanties tout à fait insuffisantes que donne à la liberté individuelle le système légal actuel. Tous les décrets pris en exécution de la décision de principe du 5 juillet 1808 pour la création de dépôts de mendicité dans les départements portaient invariablement la disposition suivante : « Les individus conduits au dépôt y seront retenus jusqu'à ce qu'ils se » soient rendus habiles à gagner leur vie par leur travail, et au moins pen-» dant une année. » — En s'abstenant de fixer, à côté de ce délai minimum, un délai maximum de détention en négligeant d'indiquer comment devrait être constatée l'aptitude du mendiant à gagner sa vie, cette disposition a laissé à l'arbitraire administratif le droit souverain d'appréciation pour déterminer la durée de l'internement, et la porte reste ainsi ouverte à des abus de pouvoir. En fait, dans nombre de circonstances, le décret d'institution n'est pas appliqué à ce point de vue, et le Préfet fixe la durée du séjour à quinze jours, à un mois, à deux mois. Il est d'autant plus vrai de dire que la durée de l'internement du mendiant au Dépôt dépend uniquement de la volonté personnelle du Préfet.

N'y a-t-il pas aussi là une grave lacune de la loi à combler?

J'ai l'honneur de vous proposer, Monsieur le Ministre, de renvoyer la question à l'examen du Conseil supérieur de l'Assistance publique. Si vous adoptez cette conclusion, je vous demanderai de vouloir bien apposer votre signature en marge du présent Rapport.

Veuillez agréer, Monsieur le Ministre, l'hommage de mon respectueux dévouement.

Le Directeur de l'Assistance publique

HENRI MONOD.

Soit renvoyé à l'examen du Conseil supérieur de l'Assistance publique.

Paris, le 10 juin 1888.

Le Président du Conseil, Ministre de l'Intérieur.

CHARLES FLOQUET.

II

RAPPORT

AU CONSEIL SUPÉRIEUR DE L'ASSISTANCE PUBLIQUE

Au nom de la IVe Section (Aliénés, Dépôts de mendicité, Monts-de-Piété) (1)

SUR LES DÉPOTS DE MENDICITÉ

I

Dans la séance d'ouverture du Conseil supérieur de l'Assistance publique, le 13 juin 1888, M. le Directeur Monod, énumérant les questions mises à l'étude, disait : « Le Conseil supérieur est encore consulté sur les dépôts de mendicité qui ne paraissent pas avoir répondu aux espérances du législateur de 1810 (1). »

Ces espérances sont consignées dans les trois textes suivants :

1° Le décret du 5 juillet 1808 sur « l'extirpation de la mendicité » ; — Article 1er. La mendicité sera interdite dans tout le territoire de l'Empire. — Art. 2. Les mendiants de chaque département seront arrêtés et traduits dans le dépôt de mendicité dudit département aussitôt que ledit dépôt

---

(1) Fascicule n° 16, p. 13.
(1) La Section est ainsi composée : MM. Mazo, sénateur, président; Strauss, secrétaire; Itard, directeur des affaires civiles au Ministère de la Justice; Dr Bourneville, député; Dr Cazelle, conseiller d'État; Charles Dupuy, député; Hendlé, préfet de la Seine-Inférieure; Herbette, directeur de l'Administration pénitentiaire; Magnan, médecin en chef de l'Asile Sainte-Anne; Nicolas, directeur du commerce intérieur au ministère du commerce; Benjamin Raspail, député; A. Rousselle, membre du Conseil municipal de Paris; Voisin, vice-président du Conseil de surveillance de l'Assistance publique de Paris. — Délégués du Gouvernement près de la Section : MM. Jeanson et Regnard, inspecteurs généraux de l'Assistance publique; Duval, directeur du Mont-de-Piété de Paris. — Secrétaire adjoint : M. le Dr Pichon, chef de clinique de la Faculté de médecine.

2

aura été établi... » Les articles suivants règlent les formalités et posent les principes d'organisation et d'administration des dépôts.

2° L'article 274 du Code pénal : « Toute personne qui aura été trouvée mendiant dans un lieu pour lequel il existera un établissement public organisé afin d'obvier à la mendicité, sera punie de trois à six mois d'emprisonnement et sera, après l'expiration de sa peine, conduite au dépôt de mendicité. »

3° Restait à prévoir le cas où il n'existerait pas de dépôt desservant le lieu où le délit aurait été constaté. L'article 275 vise ce cas : « Dans les lieux *où il n'existe point encore de tels établissements*, les mendiants d'habitude valides seront punis d'un mois à trois mois d'emprisonnement. S'ils sont arrêtés hors du canton de leur résidence, ils seront punis d'un emprisonnement de six mois à deux ans... »

Ces trois textes sont liés par une idée commune : la mendicité doit être réprimée et supprimée; les dépôts départementaux sont le moyen nécessaire et suffisant pour atteindre ce résultat.

Nous verrons bientôt les mécomptes survenus dans l'application de ce principe.

Mais une question préliminaire se pose : « Les dépôts de mendicité sont-ils une institution pénitentiaire ou une institution hospitalière? » Administrativement, ils se rattachent à l'Assistance publique, et c'est la place qui leur est assignée par la statistique. Mais la statistique ne raisonne pas, elle constate. Logiquement et légalement, les dépôts ont pour but la répression, et, par voie de conséquence, la suppression de la mendicité. Les dépôts ont pour raison d'être l'existence de cette catégorie d'indigents dont la misère est faite en partie de fainéantise, et qui, étant valides, ne peuvent ou ne veulent pas recourir aux divers secours qui sont offerts à l'indigence par la charité soit publique, soit privée. Il est vrai que, des trois textes prévités, l'article 275 du Code pénal vise seul les mendiants d'habitude valides; mais c'est un texte provisoire (1); il a sa répercussion sur les deux autres et nous autorise à dire que les dépôts sont en principe destinés aux mendiants d'habitude valides. S'il en était autrement, que signifierait le caractère de maisons de travail qui a été donné aux dépôts?

Mais, alors, les dépôts sont des établissements de répression et non d'assistance. Si on les classe dans la dernière catégorie, c'est par une extension abusive de la notion d'assistance, c'est parce qu'on ne sépare pas assez

---

(1) L'article 275 est, en effet, destiné à disparaître le jour où chaque département aura un dépôt de mendicité.

nettement les mendiants proprement dits des indigents assistés. Dans ce
trop vaste domaine de l'indigence, il faut faire une section à part pour la
mendicité exercée par des individus valides, négligents et faibles, paresseux
et parasites, et, comme tels, punissables.

Voilà ce que veut la logique.

II

L'histoire conduit à la même conclusion.

L'histoire montre, en effet, que les mesures prises contre la mendicité l'ont
considérée moins comme une souffrance individuelle que comme un mal social,
— moins comme un état secourable que comme une condition répressible,
— moins comme un malheur que comme une faute et un délit. Le mendiant
est-il valide ? Sinon, c'est un indigent à secourir; si oui, c'est un fainéant
auquel il faut offrir le travail, l'imposer même, comme condition des
moyens de vivre qui lui seront fournis. Aux non valides, l'assistance sans
condition; aux valides, l'assistance par le travail : voilà les conclusions de
l'histoire. Nous fixerons ici quelques traits de l'historique de cette question
de la mendicité.

Charlemagne s'inspire de la parole de saint Paul (1), en interdisant
de nourrir tout valide qui refuserait de travailler (2). Et pour que le
précepte fut praticable, il défendait aux mendiants de sortir de leurs
paroisses et à quiconque de leur faire l'aumône ailleurs. Localisation de la
mendicité, obligation du travail, voilà les deux traits des mesures prises
par Charlemagne : nous pensons que c'est aujourd'hui encore la meilleure
solution du problème de la mendicité.

On sait les efforts de Louis VIII et de saint Louis pour ôter de plus en plus
prétexte à la mendicité en multipliant les moyens d'assistance, les hôpitaux,
les maladreries, les léproseries.

En 1350, dans ces tristes temps de désordres intérieurs et de guerre
étrangère, le mal s'accroît, les villes sont exploitées, les campagnes rançonnées par les mendiants et vagabonds; une ordonnance terrible de Jean
le Bon porte contre « les gens oiseux, truandants, joueurs de dez ou enchan-
teurs publics », des peines dont les degrés sont : la prison, le pilori, la marque
au front, la mutilation des oreilles, le bannissement.

_____

(1) Saint Paul, Épître aux Thessaliens : « Quoniam si quis non vult operari, nec man-
ducet. »

(2) Capitulaire de l'an 806.

3

Cette ordonnance défend de faire l'aumône « aux gens sains de corps, ni aux gens qui peuvent besogne faire, mais à gens aveugles, *malheignes*(1) ou impotents.... »

François Iᵉʳ, par la création de bureaux de charité dans les principales villes (2), et, plus tard (3), sur divers points, d'ateliers de charité espère arriver à tracer ainsi nettement une ligne de démarcation entre les mendiants non valides et les mendiants valides, et décide contre ces derniers, pour le cas où ils seraient réfractaires au travail, la peine des verges, celle du fouet, celle du bannissement.

Sous Henri II (4), la notion de mendicité devient plus claire ; elle est subdivisée en trois espèces, appelant chacune un traitement différent : les mendiants valides, astreints à des travaux d'utilité publique ; — les mendiants invalides sans feu ni lieu, lesquels doivent être répartis entre les hôpitaux ; — les pauvres, malades et invalides, ayant un abri, mais incapables de travailler, lesquels recevront des secours à domicile ou « en tel autre lieu commode », d'après des rôles établis par les curés ou vicaires et marguilliers.

Dispositions excellentes, mais mal observées sans doute, et vainement reproduites par le chancelier de l'Hospital (5). N'importe, le principe s'affirme : l'assurance doit être le plus possible paroissiale (communale); le secours à domicile est préférable à l'hospitalisation ; l'indigent valide doit gagner sa vie par son travail. Ce sont encore nos *desiderata !* Puisse cette fin de siècle leur donner satisfaction.

Le 27 août 1612, Louis XIII prescrit la création de quelques *maisons de travail*, où les mendiants valides seraient renfermés et astreints au travail de douze à treize heures par jour; c'est la première fois, croyons-nous, qu'apparaît l'idée du dépôt de mendicité, et nous constatons que c'est l'idée d'un établissement où la subsistance est gagnée par une tâche imposée.

L'idée prend plus de force sous Louis XIV.

En 1656, un édit porta création de l'Hôpital général « pour le renfermement des pauvres mendiants de la ville et des faubourgs de Paris ». En 1662, un autre édit étend à toute la France le principe de l'institution, et en 1662, il est enjoint à nouveau à tous mendiants de se retirer au lieu de

(1) Estropiés.
(2) Édit de 1536.
(3) Déclaration du 16 janvier 1515
(4) Édit de 1517.
(5) Ordonnance de 1566.

leur naissance, et aux officiers et échevins d'accueillir les infirmes avec charité et de procurer du travail aux valides.

Une déclaration du 13 avril 1685 (1) annonce que le Roi a fait ouvrir des ateliers dans les différentes provinces, enjoint aux mendiants et vagabonds qui ne sont point natifs de Paris d'en sortir, sous peine de prison pendant un mois pour la première fois, de cinq ans de galère pour la seconde; ordonne enfin aux mendiants natifs de Paris ou des environs de s'enrôler pour travailler aux ateliers établis à Paris. C'est Paris surtout qu'il s'agit de nettoyer et purger. Paris où l'on a compté, sous Louis XIV, jusqu'à 40,000 mendiants et vagabonds, et qui a subi, de leur fait, en une seule année, huit émeutes. Quant aux campagnes (2), si misérables, écrasées par toutes sortes de charges, et, en plus, pillées et rançonnées par les vagabonds, il fut statué, pour leur allégement, pour leur affranchissement, au moyen de la déclaration du 21 janvier 1687, portant contre les vagabonds la condamnation aux galères à perpétuité.

Nouvelle déclaration du 25 juillet 1700, ordonnant à toutes personnes de quinze ans et au-dessus de gagner leur vie par le travail, « à peine d'être punis comme vagabonds » et, comme corrélation naturelle, répétant l'injonction déjà faite à tous mendiants et vagabonds de se retirer dans quinzaine dans le lieu de leur naissance.

Ainsi, de Charlemagne à Louis XIV, on voit l'autorité publique s'efforcer de localiser le mal, soit en contenant le mendiant au lieu de son domicile, soit en le renfermant dans des hospices ou ateliers. En quoi elle se montre plus prévoyante que l'auteur du décret de 1808 à qui l'on peut reprocher de n'avoir envisagé que le second moyen, et négligé le premier.

De 1700 à 1722, quatre ordonnances nouvelles (3) rappellent les prescriptions antérieures.

La déclaration du 18 juillet 1724 nous fait aborder un ordre d'idées un peu différent. Elle nous paraît être le point de départ direct de tout ce qui a suivi depuis en matière de dépôts de mendicité. Nous en citerons les deux premiers articles.

Article premier. — Il est enjoint à tous mendiants valides de prendre un

---

(1) Renouvelée par la déclaration du 10 février 1699.
(2) Revoir le *Portrait du paysan*, par La Bruyère et la *Dîme*, de Vauban.
(3) 27 août 1701; 8 janvier 1719 (visant Paris), et 12 mars 1719 (applicable à tout le royaume); 5 juillet 1722. Cette dernière, à l'encontre des deux précédentes, enlève aux juges la faculté d'envoyer aux colonies, pour y travailler comme engagés, ceux des vagabonds qui sont passibles des galères.

emploi pour subsister; aux invalides, aux femmes enceintes, aux nourrices et aux enfants de se présenter, sous quinzaine, dans les hôpitaux les plus prochains, où ils seront reçus et occupés, suivant leurs forces, au profit des hôpitaux. Le roi promet de fournir les secours nécessaires (1).

Par l'article 2, pour ôter tout prétexte à la mendicité, il est permis à *tous mendiants valides*, qui n'auront pas trouvé d'ouvrage dans la quinzaine (2), de s'engager aux hôpitaux qui leur fourniront la nourriture et entretien; ils seront distribués en compagnie de vingt hommes, sous un sergent, *qui les conduira tous les jours à l'ouvrage*; ils seront employés aux travaux des ponts et chaussées et autres; ils travailleront au profit de l'hôpital, qui leur donnera toutes les semaines un sixième du prix par forme de gratification; ceux qui quitteront sans congé, ou pour aller mendier de nouveau, *ou même pour aller servir ailleurs, seront condamnés à cinq ans de galère*.

La déclaration du 20 octobre 1750 annonce un règlement général sur le vagabondage et la mendicité, et réitère les injonctions antérieures; elle dispose que l'internement des mendiants durera le temps jugé convenable par les directeurs; même arbitraire aujourd'hui, puisque la durée du séjour au dépôt est fixée par le Préfet, qui n'est assujetti en la matière à aucune règle.

N'avions-nous pas raison de dire que notre législation actuelle a son origine directe dans le passé, et spécialement dans les deux déclarations de 1724 et de 1750?

Mais il faut se hâter de dire que toutes ces prescriptions eurent bien peu d'effet.

Ni les hôpitaux, ni les « renfermeries » (3), ni les ateliers de charité, ni les secours à domicile n'arrêtent le mal.

Rien qu'en 1767, on arrêta plus de cinquante mille mendiants. En 1777, on comptait (4) douze cent mille mendiants pour une population (5) de moins

---

(1) Cette promesse paraît avoir été tenue pendant une dizaine d'années, à l'aide d'une surimposition de trois deniers par livre établie dans toutes les généralités; mais, à partir de 1733, la surimposition a été absorbée par le trésor royal et les hôpitaux n'ont rien reçu; il n'a subsisté de la mesure que l'impôt nouveau.

(2) Cette déclaration suppose le bon vouloir des mendiants; le décret du 5 juillet 1808 ne s'arrête pas à cette supposition et prescrit l'entrée immédiate au dépôt.

(3) Nom primitif des dépôts; il y en avait trente-trois à la veille de la Révolution.

(4) Monteil : *Histoire des Français des divers États.*

(5) Foville : *La France économique*, Paris, Colin, 1877, fixe à vingt-cinq millions la population de la France à la veille de la Révolution, à 5 0/0 près.

de vingt-cinq millions, soit 48 pour mille, Vauban, en 1688, en donnait 160 pour mille. Ah! le bon vieux temps!

Nous arrivons à la Révolution.

Ici, ce ne sont plus des mesures isolées; c'est une organisation totale de l'Assistance publique, considérée comme un devoir social, comme une dette sacrée.

Mais, pour tous les valides, le corrélatif du droit à l'Assistance, c'est le devoir de travailler. La Rochefoucauld-Liancourt, président du comité créé par la Constituante pour étudier l'extinction de la mendicité et l'administration des secours publics, posait nettement le principe en ces termes : « Si celui qui existe a le droit de dire à la société : Fais-moi vivre, la « société a également le droit de lui dire : Donne-moi ton travail. » (Rapport de 1790.)

De ce principe découle le droit et l'obligation de réprimer la mendicité qui est l'exploitation de ceux qui travaillent par ceux qui ne veulent pas travailler, le pouvant, et qui est ainsi une atteinte à la solidarité, à la justice.

Aussi la Révolution édicte-t-elle des peines extrêmement sévères contre les mendiants incorrigibles. Elle proportionne la répression à l'assistance; plus elle secourt le besoin vrai, plus elle veut frapper le besoin simulé, la fainéantise qui prétend au secours sans consentir au travail.

La Constituante (1) veut que chaque nécessiteux soit assisté dans son département; elle expulse les étrangers, elle rapatrie les Français dans leurs départements respectifs; elle met les dépenses de l'assistance à la charge du Trésor qui subventionne les départements (2).

La Convention développe ces bases; elle affirme l'assistance comme une dette nationale (3), qu'elle décide d'acquitter par la vente des biens hospitaliers, et le produit des fondations et dotations établis en faveur des pauvres; — elle organise les secours annuels pour les enfants, les vieillards, les indigents; — elle prescrit l'établissement dans chaque district des travaux de secours, définit le domicile en vue des secours et interdit l'au-

(1) Décrets du 22 décembre 1789; — 30 mai-13 juin 1790; — 16-19 décembre 1790; — 18-25 février et 29 mars-3 avril 1791; — 19-22 juillet 1791, titre II, art. 5 et 22 à 25.
(2) Subvention en principe de 30,000 francs à chaque département pour travaux d'utilité générale; et pour rendre effective la règle du rapatriement, trois sous par lieue à tout individu muni d'un passeport (décret du 30 mai-13 juin 1790, art. 5 et 7). — Le décret du 16-19 décembre 1790, art. 2, porte la subvention de 30,000 à 80,000 francs.
(3) Décret du 19-24 mars 1793 : organisation des secours publics; cs. particulièrement les art. 1, 5, 8, 11 et 15.

4

mône sous peine d'amende, voulant donner au secours pour le pauvre valide le caractère d'un salaire et sceller la corrélation de ces deux notions inséparables : l'assistance et le travail (1).

Plus l'assistance est large, plus sont rigoureuses les lois répressives ; nous n'en citerons qu'un exemple, tiré de ce grand décret du 24 vendémiaire an II, qui est le monument capital de l'œuvre de la Révolution en la matière : « Titre IV, article 2 : Tout mendiant domicilié, repris en troisième récidive, sera condamné à la transportation. — Article 3 : Tout mendiant ou vagabond, arrêté une première fois, et mis dans la maison de répression pour causes aggravantes, s'il est repris une seconde fois, subira la peine de la transportation... »

Nous n'avons pas à apprécier ici l'ensemble de cette organisation (2). Ce que nous avons voulu montrer, ce qui ressort de cet historique, c'est à notre avis que les mesures portées contre la mendicité sont directement des mesures de répression et ne sont qu'indirectement des mesures d'assistance. Ces dernières étant prises, la mendicité doit se trouver réduite d'autant ; si elle persiste, dédaignant ou exploitant l'Assistance, il faut la réprimer ; elle devient alors un minimum *quid irreductibile*, qu'il faut enserrer dans la rigueur des lois.

L'histoire vient donc à son tour démontrer que les dépôts de mendicité ne doivent pas être considérés comme des établissements hospitaliers, mais comme des établissements pénitentiaires ; — le décret du 5 juillet 1808 et les articles 274 et 275 du Code pénal qui constituent la législation actuelle sur la matière confirment cette conclusion, et l'on voit que ces textes ne sont pas, comme certains sont tentés de le croire, une nouveauté, ni une sorte de production spontanée, mais qu'ils ont été dégagés et déduits de la législation antérieure ; ils ne constituent pas une création ; ils sont une suite ; ils ne sont pas un point de départ, mais un aboutissant, une conclusion. Il y a une loi de continuité qui régit le monde des idées. On a dit : *Natura non facit saltus*. Nous pouvons appliquer cette maxime à l'en-

---

(1) Décret du 15 octobre 1793 (24 vendémiaire an II) qui statue, dans cinq titres successifs, sur les travaux de secours, les moyens de répression, les maisons de répression, la transportation et le domicile de secours) — décret des 11-16 mai 1791 (22-27 floréal an II), qui ouvre le livre de la bienfaisance nationale par département, avec trois sections : les cultivateurs vieillards ou infirmes ; les artisans vieillards ou infirmes ; les mères et veuves ayant des enfants dans les campagnes.

(2) On peut dire qu'elle entra à peine dans la période d'exécution : elle était trop onéreuse dans son ample générosité ; elle fut rapportée en ce qui concerne les secours par la loi du 27 novembre 1796 (7 frimaire an V), article 12.

semble et à la succession des mesures prises dans notre pays contre la
mendicité.

III

Nous sommes amenés maintenant à nous demander d'où vient l'échec
presque complet subi par la législation existante et par l'institution des
dépôts de mendicité.

Un premier mécompte est venu de l'insuffisance du nombre des dépôts.

Au bout de quatre ans, 59 dépôts (1) étaient créés : ils étaient prévus
pour contenir 22,500 mendiants; 37 seulement furent ouverts. Un écri-
vain compétent (2) prétend même que de 1807 à 1813, il y eut création
de 77 dépôts, dont le premier établissement, non compris les immeubles,
coûta plus de 12 millions de francs.

La Restauration, par esprit religieux et par réaction politique, se montra
indifférente, sinon hostile à l'institution impériale, si bien qu'en 1830 il ne
subsistait que 10 dépôts.

Le ministre comte Duchâtel (3) ne parvint pas à relever l'institution,
puisqu'en 1848 le nombre des dépôts est de 15 seulement.

En 1851, on arrive à 19; en 1870, à 40.

Présentement, on en compte 34 (4). Il convient de mettre à part les
deux dépôts algériens, très récents et d'un caractère spécial, — ceux de
Brest (Poul-ar-Bachel) et de Chambéry (fondation de Boigne) appartenant
exclusivement à ces villes et affectés à leurs incurables,— celui de Mirande,
(Gers), qui ne fonctionne plus depuis cinq ans, bien qu'il n'ait pas été offi-
ciellement supprimé; — enfin, celui de Romans, qui n'existe encore que
sur le papier (5) et qui sera municipal.

Il n'y a donc, en fait, que 28 dépôts dont nous ayons à tenir compte
dans cet examen.

Il faut noter, toutefois, que ces 28 dépôts desservent 51 départements :

---

(1) De Naquièt, De l'Assistance et de l'Extinction de la mendicité, 1 vol., Paris, Didot,
1851, p. 36.
(2) De Watteville, Dictionnaire d'Économie politique, article sur les dépôts de mendicité.
(3) Circulaires du Ministre de l'intérieur des 24 février 1840 et 9 décembre 1841.
(4) De Crisenoy, Revue générale d'administration, sept. 1888, art. sur les asiles d'incurables et les dépôts de mendicité.
(5) Décret du 23 juin 1888 (affectation du legs de 30,000 francs de demoiselle Pigeon).

d'abord les 28 sur lesquels ils sont situés, puis 23 autres(1) ayant traité avec certains des premiers pour se mettre en règle avec l'article 274 du Code pénal.

Bref, 51 départements seulement sur 87 sont en règle avec les prescriptions légales relatives à l'extinction de la mendicité; il n'y a que 51 départements où le décret du 5 juillet 1808 ait reçu son exécution et où l'article 274 puisse recevoir son application.

Dans les 36 autres, la situation est tout entière soumise à l'empire de l'article 275. Encore ne faudrait-il pas trop approfondir les traités des 23 départements associés à des départements possesseurs de dépôts tels arrêts de la Cour de cassation qui laissent planer un doute sur la régularité desdits traités (2).

Au premier mécompte venant de l'insuffisance du nombre des dépôts s'en est, dès l'origine, ajouté un autre plus grave, résultant de la déviation du principe même de l'institution.

Le décret de 1808 ne distinguait qu'entre les mendiants et les vagabonds; à ceux-là le dépôt (art. 3), à ceux-ci la maison de détention (art. 5).

L'article 274 ne maintenait même pas cette distinction (avec raison selon nous quant à la répression), puisqu'il s'applique à « toute personne qui aura été trouvée mendiant... »

La conséquence ne se fit pas attendre :

« Les aliénés, les idiots, les épileptiques, pour lesquels il *n'existait pas encore* d'établissements spéciaux, furent tout d'abord les hôtes incommodes des dépôts, qui furent ainsi transformés dès l'origine, contrairement au but de leur institution, en hospices ou en hôpitaux, et ne purent offrir aux *indigents encore valides* ces refuges où ils auraient dû trouver l'asile et le travail qui leur manquaient (3). »

Une circulaire (4) du Ministre de l'intérieur rappelait, sept ans à peine après sa promulgation, le sens et le but du décret du 5 juillet 1808. Nous en citerons ces passages significatifs :

« Il est évident que si l'on ne voulait voir dans les dépôts que de véri-
« tables hospices, il ne s'y opérerait plus de mouvement que par décès; le
« produit du travail serait absolument nul, et les frais d'administration trop
« considérables; tandis qu'en ne les considérant que comme maisons de

---

(1) Nous ne comptons pas les deux départements des Landes et des Hautes-Pyrénées, associés au Dépôt de Mirande.
(2) Cour de cassation, arrêts des 20 février 1815 et 11 avril 1816.
(3) De Magnitot, p. 37-38.
(4) Circ. du 6 mai 1815.

« travail, on imprime à tous les individus qui se livrent à la mendicité la
« crainte d'y être renfermés ; on diminue les dépenses, en ce que le régime
« alimentaire y est beaucoup moins généreux que pour les vieillards
« infirmes hors d'état de travailler et que les établissements se trouvent
« couverts des dépenses par le produit des ateliers. — Tel est le but qu'il
« faut atteindre..... *L'Administration a perdu de vue l'objet principal*. Elle
« a favorisé la réclusion des individus hors d'état de pouvoir travailler, et
« elle a retenu trop longtemps dans ces établissements des individus hors
« d'état de pourvoir à leurs besoins... »

Nous en sommes encore là.

D'où il faut conclure que :

1° La législation a manqué son effet, parce que sa disposition fondamentale, la création de dépôts départementaux, n'a pas reçu une entière et complète application ;

2° Elle a encore manqué son effet, même là où ces dépôts existent, parce que les incapables de toute sorte y ont pris une grande part de la place qui doit être réservée aux mendiants valides, à ceux pour lesquels l'Assistance doit avoir pour corrélatif le travail. Si le dépôt est en même temps qu'une prison, ou un hospice, ou un asile, ou un hôpital, il fait double emploi avec les établissements spéciaux destinés à recevoir les infirmes, les vieillards, les aliénés, les idiots, les épileptiques ; s'il n'est pas une maison de travail, il n'est pas ce qu'il doit être. En un mot, on a confondu deux services distincts : celui de l'hospitalisation et celui de la correctionalisation ; ce dernier seul répond à la donnée vraie du dépôt de mendicité, en supposant, cela est bien entendu, que l'assistance publique est entièrement organisée.

Ainsi s'explique ce fait pénible de l'arrêt de développement presque immédiat subi par une institution qui, mieux comprise, eût en un rôle essentiel dans l'organisation générale de l'Assistance publique et n'eût pas fait tache au milieu du progrès de tous les organes de l'Assistance : institutions hospitalières, fondations charitables, créations publiques ou privées pour le soulagement, l'éducation, la sécurité des malheureux, institutions de prévoyance et de mutualité, dont l'ensemble sera la gloire de ce siècle. Si, par l'imagination, on se représente l'arrêt subit — impossible à coup sûr — de toutes ces institutions, depuis la plus humble jusqu'à la plus haute, depuis la plus générale jusqu'à la plus restreinte, depuis le bureau de bienfaisance à peine doté, ou la plus modeste crèche, ou le plus petit asile de nuit, jusqu'à ces hôpitaux et ces hospices, dont la richesse est la plus sûre garantie des individus et du corps social dans l'avenir, comme il a été leur sécurité dans

le passé ; si on se représente l'arrêt de toute cette machine aux mille rouages, on est effrayé, comme si on annonçait le retour de l'humanité à la nuit épaisse, aux luttes sauvages et aux horreurs de la barbarie.

Au contraire, la suppression des dépôts de mendicité se conçoit sans grande inquiétude et, à coup sûr, leur disparition ne provoquerait ni crise, ni révolte, ni commotion.

On l'a même discutée et proposée, comme il résulte de la grande enquête de 1873 sur l'organisation de l'Assistance publique dans les campagnes. Les avis des corps consultés furent très divers.

D'abord, sur 75 conseils généraux qui répondirent au questionnaire (1) envoyé par l'Assemblée nationale, 39 seulement émirent un avis sur les dépôts ; 14 concluaient à la suppression, 25 au maintien. Avis d'inégale valeur, observe le rapporteur de la commission, M. Eug. Tallon, car les conseils hostiles représentent des départements ayant des dépôts, et les conseils favorables des départements dépourvus de dépôts.

L'opinion des conseils d'arrondissement est des plus indécises ; les commissions hospitalières et les bureaux de bienfaisance répondirent au nombre de 353 à l'ensemble de l'enquête ; mais, sur les dépôts, il n'y a que 114 avis : 52 pour le maintien, 33 pour l'extension, 3 pour l'institution de dépôts cantonaux, et 24 pour la suppression auxquels nous croyons pouvoir ajouter les 32 avis concluant à rendre l'Assistance communale, ce qui équivaut à supprimer les dépôts départementaux. Les Sociétés d'agriculture et les Comices agricoles (2) parlent peu des dépôts, et ne les louent guère. La Société d'agriculture de Lyon vante l'état du dépôt du Rhône (Albigny) et conclut ainsi : « Maintenir les dépôts et en établir partout où il n'y en a pas. Une tendance trop habituelle porte à transformer les dépôts en asile pour les vieillards, les infirmes et même les personnes atteintes d'idiotisme. C'est un abus. *Les dépôts doivent rester uniquement des établissements de répression dans lesquels le travail est obligatoire.* »

Ainsi l'enquête de 1873 donne raison, sous une forme nouvelle, à nos premières conclusions : « Que les dépôts soient des maisons de travail, ou qu'ils ne soient pas. »

D'ailleurs, ce qui se dégage le plus nettement de la plupart de ces ré-

---

(1) 19 questions furent posées : 4 concernaient l'extinction de la mendicité : questions 28, 29, 30 et 31.
(2) Rapport spécial de M. Élie Dupin, membre de la commission de l'Assemblée nationale.

ponses, c'est que l'énergique répression du vagabondage et l'obligation pour chaque commune de nourrir ses pauvres seraient la meilleure manière de réduire, sinon d'éteindre la mendicité.

En tout cas, ce qu'on veut partout, c'est que les deux idées d'assistance et de travail soient liées le plus intimement possible. Quelques corps discutent encore sur le droit à l'assistance et sur le droit corrélatif au travail. Mais l'immense majorité comprend que le fait de la misère domine tout et que l'heure des discussions est passée. On ne recherche pas davantage si la mendicité est un délit; on ne s'arrête même pas à un point de vue doctrinal, très juste d'ailleurs, mais tout théorique, émis dans certaines réponses à l'enquête, savoir si la mendicité est délictueuse en elle-même ou bien si elle ne l'est qu'autant qu'il existe un moyen, le dépôt par exemple, de la rendre sans motif et sans prétexte (1).

Ce qu'on dit, c'est que la mendicité est une honte et un danger; c'est que la misère doit être combattue par tous les moyens humains; c'est qu'il faut arriver à ce résultat qu'aucun homme, dans notre société, ne puisse mourir de faim ou de froid (2); qu'il faut multiplier les œuvres d'assistance pour qu'aucun invalide ne puisse manquer de pain et d'abri faute de secours, aucun valide faute de travail. Voilà le principe, voilà la dictée même de la raison et du cœur!

Plus on se rapprochera de ce but, plus le mendiant sera coupable de mendier. Plus l'Assistance sera complète, plus la mendicité sera délictueuse et répressible. Supprimez l'assistance, la mendicité n'est pas plus reprochable que la faim. Créez l'Assistance, l'Assistance sérieuse, alors la mendicité est une habitude méprisable comme la fainéantise d'où elle procède, et punissable comme un dissolvant social.

Ce qu'il faut atteindre, en un mot, c'est la mendicité professionnelle; — l'autre, il faut l'excuser si on ne peut la secourir.

Voyons en quelle mesure les dépôts, pour insuffisants qu'ils soient, ont contribué à la répression de la mendicité; autrement dit, voyons ce qu'ils sont, ce qu'on y fait.

---

(1) Voir, sur ce point, le rapport déjà cité de M. Félix Dupin et l'étude de M. Boisseau, président du tribunal du Mans, insérée aux annexes de l'enquête de 1873.
(2) Le 10 janvier 1887, un vieillard de soixante-douze ans est mort de faim et de froid à Bagnolet, rue Étienne-Marcel, n° 136. Et ce n'est pas un cas isolé!

IV

ÉTAT ACTUEL DES DÉPOTS

La population des Dépôts était, au 31 décembre 1886 (1), de 5,389 pensionnaires, se décomposant ainsi :

1,237 reclus (2) et 4,152 hospitalisés ;
4,523 provenant des départements à dépôts ;
866 seulement des départements associés.

Ces chiffres sont significatifs : les Dépôts sont moins, en fait, des lieux de répression où le travail est obligatoire que des refuges, des asiles, des établissements hospitaliers.

Sur 5,389 pensionnaires, 2,866 seulement ont pris part au travail intérieur, et, sur ce nombre, beaucoup ont sans doute fort peu travaillé, puisque le produit brut de ce travail n'est évalué qu'à 178,419 fr. 59, soit une moyenne par tête de 62 fr. 25

Si nous distinguons entre les travaux agricoles et industriels, voici les résultats :

Travaux industriels :

Personnes occupées : 1,875   dont   926 reclus et   949 hospitalisés
Produit brut.........   105.208 fr. 91
Moyenne par personne.   56 fr. 11

Travaux agricoles :

Personnes occupées : 991   dont   243 reclus et   748 hospitalisés
Produit brut.........   73.210 fr. 68
Moyenne par personne.   73 fr. 87

En tout :   1.169 reclus et 1.697 hospitalisés

2,866

Si nous considérons les produits du travail, non plus d'après l'objet du

---

(1) Relevés fournis par l'administration générale et communiqués au rapporteur par le Directeur de l'Assistance publique, M. Monod.
(2) Sur ce nombre, il y avait 361 récidivistes, soit 29 0/0.

travail, mais d'après la nature des travailleurs, l'insuffisance des résultats est plus notoire encore :

Les reclus ont produit pour 61,386 fr. 73; ils sont au nombre de 1,169 (1); c'est donc, par tête, un résultat brut de 52 fr. 51. Or, un reclus coûte par an 200 fr. 08.

Les hospitalisés, au nombre de 1,697, ont produit pour 117,032 fr. 86 ; soit, par tête, un résultat brut de 68 fr. 96. Or, un hospitalisé coûte par an 255 fr. 32.

Au lieu de maisons de travail, nous pourrions dire que nous avons à faire à des maisons de repos ; près de la moitié de la population y consomme sans rien produire ; ceux qui travaillent produisent moins du tiers de leur consommation.

Voici le budget global des dépôts pour 1886 :

Dépenses :

1° Pour les reclus................	247.509 09	
2° Pour les hospitalisés..........	1.060.083 66	
Total..............	1.307.692 75	

Recettes :

1° Part des départements..........	861.847 08	
2° Part des communes..............	374.205 61	
	1.236.052 69	
D'où un déficit de..............	71.550 06	

Mais le produit du travail a comblé l'écart.

Ce produit a été évalué, nous l'avons vu, à 178,419 fr. 59; dont il faut défalquer une somme de 72,425 fr. 13 attribuée aux détenus en argent de poche et pécule de sortie ; il est donc resté pour la caisse des dépôts une recette complémentaire de 105,944 fr. 46 qui fait, en définitive, ressortir l'exercice 1886 non plus à un déficit de 71,550 fr. 06, — mais à un excédent de recettes de 34,444 fr. 40.

Qu'on ne se réjouisse pas de ce résultat. Qu'on réfléchisse plutôt à la médiocrité du pécule attribué aux détenus. Réglementairement, ils devaient recevoir la moitié du produit de leur travail. En 1886, il leur serait

_____

(1) Il y a donc (1,237 — 1,169) 68 reclus qui n'ont pas travaillé.

donc revenu 89,399 fr. 79 ; ils n'ont touché que 72,125 fr. 13, soit 11,69 0/0, au lieu de 50 0/0.

Encore y a-t-il un plus grave abus, qui consiste à distribuer aux détenus et à leur permettre de dépenser dans l'établissement le quart dudit produit, par conséquent la moitié du pécule. Ce quart s'écoule (1) en achat de rations supplémentaires dont la vente, on peut le dire, ne bénéficie qu'au concierge de l'établissement et, par un contre-coup des plus fâcheux, incline l'Administration à rogner sur la ration réglementaire. Quel singulier moyen d'encourager au travail des gens dont le malheur est précisément de ne pas aimer le travail !

Cette question du pécule est capitale.

C'est sur ce pécule, si faible, qu'est fondée l'espérance pour le libéré de pouvoir vivre à sa sortie du dépôt en attendant de trouver du travail.

Sait-on à quel chiffre le pécule peut s'élever ?

Des chiffres de 1886, il résulte qu'après un séjour de trois mois un travailleur régulier peut arriver à réunir comme pécule de sortie les provisions suivantes :

I. Travail industriel :

Reclus	Hommes	36 fr. 62
	Femmes	8 fr. 28
Hospitaliers	Hommes	19 fr. 71
	Femmes	5 fr. 37

II. Travail cultural :

Reclus	Hommes	19 fr. 52
	Femmes	15 fr. 99
Hospitaliers	Hommes	26 fr. 28
	Femmes	14 fr. 93

Nous avons vu que la moitié de ces sommes s'écoule en argent de poche;

---

(1) Cf. Statuts du Dépôt du Mans, texte rectifié par arrêté préfectoral du 1er février 1886 (art. 36).

supposons, pour raisonner *à fortiori*, que la ressource soit entière au moment de la sortie.

Tel est le viatique avec lequel le libéré devra faire face à ses besoins en attendant le travail qu'il est malhabile ou mal disposé à chercher et dans la recherche duquel, le plus souvent, il n'est ni guidé, ni aidé (1). C'est la rechute prochaine, la récidive inévitable!

Les pécules que nous avons indiqués sont des maxima ; ils correspondent au plus long séjour qu'un même mendiant valide fasse d'ordinaire au dépôt.

Encore si les valides y restaient tous trois mois. Ce serait bien peu pour ceux qui seraient capables d'apprendre un métier. Mais enfin, ce serait quelque chose. Or, rien n'est plus variable que la durée de ce séjour. Elle dépend de l'arbitraire administratif. Les décrets pris en conformité de celui du 5 juillet 1808 pour la création des divers dépôts de mendicité portent tous la disposition suivante : « Les individus conduits au dépôt y seront « retenus jusqu'à ce qu'ils se soient rendus habiles à gagner leur vie par « leur travail, *et au moins pendant une année.* »

En dépit de cette règle, les arrêtés préfectoraux prescrivent un internement de quinze jours, un mois, deux mois. Il ne peut en être autrement, avec le mélange des reclus et des hospitalisés : ces derniers sont gardés des années et absorbent les ressources qui pourraient permettre de retenir les reclus au moins un an, pour qu'ils deviennent capables de gagner leur vie.

Nous avons parlé des résultats médiocres des travaux effectués aux dépôts et nous avons indiqué qu'ils sont divisés en deux sections principales : travaux agricoles ou culturaux et travaux industriels.

Le travail cultural n'est organisé que dans 14 dépôts (2) : Montreuil-sous-Laon, Petit-Vernet (Cher), — Rabès (Corrèze), — Bordeaux, — Per-ton (Isère), — Lons-le-Saulnier, — Nantes, — Beaugency, — Angers, — Châlons, — Albigny (Rhône), — Neurey (Haute-Saône), — Petits-Prés (Seine-et-Oise), — Naugeat (Haute-Vienne).

L'ensemble des domaines exploités en 1895 avait une valeur évaluée en argent à 1,810,657 fr. 38. Le travail des reclus et hospitalisés a été évalué à 73,210 fr. 68, sur lesquels il a été prélevé 24,387 fr. 81 pour le pécule des

---

(1) Ce n'est qu'à Bordeaux et à Châlons-sur-Marne qu'il existe des comités de patronage s'occupant de trouver du travail aux mendiants sortant du dépôt.

(2) 16, si l'on compte Alger et Constantine.

travailleurs. Le produit net a donc été de 18,822 fr. 87, ce qui fait ressortir à 2,65 0,0 le produit brut des terres cultivées.

Le travail industriel est organisé dans 17 dépôts : Montreuil, Marseille, Petit-Vernet, Bellevaux (Doubs), Toulouse, Bordeaux, le Perron, Nantes, Beaugency, Chalon-sur-Saône, Arras, Albigny, le Mans, Villers-Cotterets, Petits-Prés, Naugeat, Auxerre.

Dans les dépôts de Montreuil, Petit-Vernet, Bordeaux, Perron, Albigny, Nantes, Beaugency, Châlons, Petits-Prés, Naugeat, les détenus sont occupés soit au travail industriel, soit au travail agricole ; — dans les dépôts Rabès, Neuvey et Lons-le-Saulnier exclusivement au travail agricole ; — dans ceux de Marseille, Bellevaux, Toulouse, Auxerre, Arras, le Mans et Villers-Cotterets exclusivement aux travaux industriels.

Il y a sept dépôts (1) pour lesquels l'inspection n'indique en 1895 aucune organisation du travail. Ce sont ceux de Montpellier, Châteauroux, Cahors, Mâcon, Niort, Albi et Montauban.

Nous n'avons pas à insister autrement, mais nous ne pouvons pas ne pas exprimer tous nos regrets de la défectueuse organisation des travaux industriels. En général, les occupations de cet ordre sont des plus élémentaires, et ne paraissent pas s'élever beaucoup au-dessus de l'épluchage de l'étoupe imposé aux femmes dans les workhouses d'Angleterre. Ainsi, au Mans, les hommes délissent des chiffons et font des sacs en papier ; les femmes sont également occupées aux chiffons. Est-ce là un apprentissage qui donnera à ces malheureux, à leur sortie du dépôt, les moyens de vivre ?

V

Quel découragement résulte de ces simples constatations !

Allons plus loin : le dépôt, voilà, dans l'état présent de la législation, le moyen officiel d'obvier à la mendicité.

Mettons en présence la faiblesse du moyen et la grandeur du besoin.

Question de statistique et pas des plus aisées.

---

(1) Nous laissons naturellement en dehors le dépôt de Nanterre, créé seulement par décret du 13 septembre 1887, et celui de Mirande.

Combien d'indigents, combien de mendiants y a-t-il, à ce jour, dans ce pays ?

Pouvons-nous le savoir, — pouvons-nous du moins, par des comparaisons avec d'autres périodes, déduire si le mal a grandi ou diminué ? Si le mal a crû avec la population, quelle tristesse ! S'il a marché moins vite, quelle espérance !

Il est très difficile de fixer combien il y a d'indigents en France, — plus difficile encore de savoir combien il y a de mendiants.

Rappelons deux chiffres avant d'arriver aux statistiques contemporaines.

En 1698, Vauban estimait que le dixième de la population (1) était réduit à la mendicité et que, des neuf autres dixièmes, il y en avait quatre incapables d'assister celui-là, faute d'avoir plus que le strict nécessaire.

Dans son premier rapport à la Constituante, le duc de la Rochefoucault évaluait le nombre total des indigents à 3,248,694 individus, soit 129 pour pour 1,000 de la population totale, évaluée pour 1789 à environ 25 millions d'habitants (2) ; c'était 1 indigent par 7,69 habitants, beaucoup plus encore, par conséquent, que pour la période estimée par Vauban.

Si l'on en croyait Villeneuve-Bargemont (3), il n'y aurait plus, en 1829, que 1,329,659 indigents sur une population totale de 32,323,000 habitants, soit 41 pour 1,000, ou 1 pour 24 habitants.

Viennent ensuite les enquêtes de 1833, 1847, 1871, qui donnent, non plus le chiffre des indigents, mais celui des personnes secourues par les bureaux de bienfaisance, auxquels nous joindrons les renseignements fournis pour 1883 par le service de la statistique, le tout groupé dans le tableau suivant :

---

(1) La population était, en 1700, d'après les Mémoires des intendants, de 19 millions d'habitants.

(2) M. de Foville dit à 5 0/0 près (*France économique*, 1887).

(3) Nous ne citons que pour mémoire Villeneuve-Bargemont ; son chiffre de 1,329,659 indigents nous est deux fois suspect : d'abord, il paraît fort au-dessous de la réalité, si on le rapproche de ceux qui sont donnés par les statistiques les plus rapprochées de lui en date, celles de la Rochefoucault et de Gasparin ; ensuite ce chiffre est précisément celui du chiffre des assistés donné par l'enquête de Watteville en 1817, et cette reproduction donne bien des doutes sur cette enquête. C'est du moins le chiffre relevé pour cette enquête dans le recueil de l'*Enquête dite des Inspecteurs généraux* (p. XLIX), car si l'on s'en réfère à la *Statistique de la France*, par Maurice Bloch (1860, tome I, p. 297), l'enquête de 1817 aurait accusé l'existence de 1,586,310 indigents et de 1,185,622 assistés. Quelle incertitude !

DATE de L'ENQUÊTE	NOMBRE de bureaux de bienfaisance	POPULATION DESSERVIE par ces bureaux	POPULATION TOTALE de la France	NOMBRE des INDIGENTS assistés	RAPPORT POUR 1000 DU NOMBRE DES ASSISTÉS	
					1° à la population desservie	2° à la population totale
1833 (M. de Gasparin.)	6.275	Inconnue.	32.835.000	695.932	Inconnue.	21,20 (1 par 47 hab.)
1847 (M. de Watteville.)	9.336	16.521.883	35.400.486	1.329.659	80	37 (1 par 27 hab.)
1871 (Les inspecteurs généraux)	13.367	21.931.881	36.102.921	1.608.129	73,86	44 (1 par 23 hab.)
1883 (Statistique (3) : M. de Foville)	14.500	22.000.000	37.915.452	1.405.500	65	38 (1 par 27 hab.)

Nous savons encore (5) qu'en 1884, il y avait 14.760 bureaux, avec une

---

(1) D'après M. de Foville.
(2) L'année 1871 a été exceptionnellement lourde.
(3) France économique, Paris, Colin, 1887.
(4) Moyenne entre les chiffres constatés aux recensements de 1881 (37,672,000 habitants) et de 1886 (38,218,903).
(5) Assistance publique, fascicule n° 7 (Imprimerie Nouvelle, 11, rue Cadet).

clientèle de 1,443,320 assistés, et qu'actuellement il y a 15,250 bureaux ; mais les renseignements étant partiels, nous nous arrêtons à 1883.

Les chiffres que nous venons de relever indiquent que le nombre des indigents tend plutôt à décroître et nous autorisent à conclure que si la misère tient à l'imperfection même de l'homme et des sociétés humaines, et que si la mendicité semble en dernière analyse indestructible, du moins elle est réductible, compressible, puisque — (c'est par là que nous sommes surtout rassurés) — elle ne s'accroît pas forcément dans la proportion où s'accroît la population du pays.

Cette conséquence ressortira non pas plus sûrement, mais plus nettement de la comparaison, pendant quelques années, du nombre des bureaux et du nombre des assistés.

ANNÉES	NOMBRE DE BUREAUX	NOMBRE D'ASSISTÉS	MOYENNE DES ASSISTÉS par bureau
1833.........	6.275	695.932	111
1847.........	9.336	1.329.659	112
1871.........	13.367	1.608.429	120
1877 (¹)......	13.440	1.251.058	93
1880.........	14.071	1.442.440	102,51
1883.........{	14.500 (de Foville)	1.405.500	96,8
	14.185 (Annuaire)	1.405.552	97
1884.........	14.760	1.443.320	97,78

(1) A partir de 1877 nous relevons les chiffres dans l'Annuaire statistique de la France ; nous ne pouvons nous empêcher de remarquer les divergences entre ce document et d'autres sources réputées officielles. Ainsi l'enquête de l'Inspection générale donne 13,367 bureaux pour 1871, l'Annuaire n'en donne que 12,867 — de Foville en indique 14,500 pour 1883 ; l'Annuaire 14,185.

Ce ne sont pas là tous les assistés.

Nous ne savons pas en effet quelle est la clientèle de la charité privée (1). Nous ignorons même le nombre exact des personnes assistées par les commissions de charité (2) qui, dans certaines communes, tiennent lieu des bureaux de bienfaisance qui n'ont pu se constituer, faute de pouvoir justifier d'un revenu de 50 francs (3).

Et le nombre des indigents non compris dans ces statistiques doit être considérable (même avec les doubles emplois, c'est-à-dire avec les assistés qui sont secourus à la fois par la charité privée et par les bureaux officiels), si nous nous en rapportons à l'affirmation de M. de Watteville qui disait en 1819 que, depuis le commencement du siècle, la charité privée avait distribué au moins 1 milliard de secours, soit une moyenne de 20 millions par an.

On a été bien au delà depuis, évidemment.

Tenons-nous en néanmoins à cette donnée. Si nous supposons que la moyenne par tête et par an de secours distribuée par la charité privée est la même que la moyenne de ceux distribués par les bureaux de bienfaisance, laquelle est de 19 fr. 50 par an et par indigent (4), cela ferait, à 20,000,000 de secours distribués par an (20,000,000 : 19,50) 1,025,641 indigents à ajouter au chiffre des assistés officiels. Ce dernier chiffre pour la dernière année connue (année 1884) est de 1,443,320 personnes. En y ajoutant les clients de la charité privée dont nous venons de déduire le nombre très probablement au dessous de la vérité, nous aurions un total de (1,443,320 + 1,025,641) 2,468,961 indigents, soit, par rapport à la population totale de la France d'après le recensement de 1886, laquelle a été constatée à 38,218,903 habitants, une proportion de 64 indigents pour 1,000 habitants, soit 1 indigent sur 15,63 habitants.

Ce résultat paraît assez plausible si on le compare à la statistique de l'indigence pour la ville de Paris (5).

---

(1) On ne peut s'en faire une idée que pour Paris, et même là les éléments sont bien difficiles à réunir. Maxime du Camp donne des monographies, sans résumés statistiques, dans son livre, *La Charité privée à Paris*.

(2) Au nombre de 1,760 au 31 décembre 1887. Ce Conseil de l'Assistance publique, fascicule n° 7, tableau de la page 9.

(3) Jurisprudence du Conseil d'État.

(4) Exposé Monod, fascicule n° 16, page 17.

(5) *Statistique de la France*, par Maurice Block, édit. de 1875, tome II, p. 112.

Il y avait à Paris :

En 1789.......	1 indigent sur	5,05 habitants (1)
1829.......	1 —	12,13 —
1847.......	1 —	11,25 —
1856.......	1 —	16,59 —
1866.......	1 —	17,12 —
1872.......	1 —	17,80 —

Il nous reste à rechercher, et c'est l'objet qui nous occupe spécialement, le nombre des mendiants.

Nous sommes, hélas! encore moins bien renseigné sur ce point qu'en ce qui concerne les indigents.

D'abord il y a des mendiants même là où il y a des bureaux de bienfaisance; il y a les mendiants par accident, ceux qu'une crise, un chômage, un incendie, une maladie a surpris, ceux qui trouvent dans l'aumône soit le nécessaire, soit le complément des moyens de vivre dont ils n'ont pu se procurer par le travail qu'une partie. Et puis il y a le mendiant d'habitude valide, le fainéant, parasite, qui veut vivre d'autrui, sans rien faire, — le mendiant de profession, sous quelque aspect qu'il se présente, sous quelque apparence de métier qu'il s'exhibe. Rien de plus variable, de plus difficile à saisir que ces éléments mobiles.

Villeneuve-Bargemont (2) estimait, en 1829, le nombre des mendiants à 1,8,153 pour toute la France; — d'après M. de Watteville, il y en aurait eu 337,838 (3) en 1847, dont 91,871 vagabonds. Rien de moins certain que ces chiffres, qui deviennent encore plus douteux si on les compare entre eux.

D'autre part (4), si l'on regarde aux détails, par exemple, dans la statistique de 1847, on trouve des disparates comme celle-ci entre deux départements limitrophes: dans la Charente, 1 mendiant seulement sur 1,214 habitants; dans la Charente-Inférieure, 1 mendiant sur 110 habitants, soit onze fois plus! Si on considère les 91,871 mendiants-vagabonds, on les

---

(1) La Rochefoucauld, dans son premier rapport à la Constituante, comptait pour toute la France 1 indigent sur 7,60 habitants. Si notre proportion de 15,63 est exacte, il y aurait eu, de 1789 à 1881, diminution de moitié du nombre des indigents.

(2) Cs. la *Statistique de la France*, Maurice Block (édition de 1860 et de 1875).

(3) Ce chiffre se décompose ainsi : 242,967 mendiants proprement dits et 91,871 vagabonds.

(4) Cs Dufau, *Essai sur la science de la misère sociale*. Paris, Renouard, 6, rue de Tournon, 1857, p. 53-61.

trouve répartis dans 25 départements seulement, d'où il faudrait conclure que dans les 58 autres départements il n'y avait en 1847 aucun vagabond! Encore une énorme invraisemblance : le Cher compterait 54 vagabonds et l'Aisne plus de 12,000! Quelle statistique!

Force nous est de recourir à d'autres données. Nous avons constaté que la moyenne des indigents répandus sur tout le territoire était sensiblement la même que la moyenne des indigents à Paris. Nous pouvons supposer, sans invraisemblance, qu'il en est de même pour la moyenne des mendiants. Connaissant celle de Paris, nous pourrons en inférer celle de la France entière.

En 1886, le Conseil municipal, sur la proposition Depasse, invita le Préfet de police à procéder à une enquête sur le nombre et la nature des mendiants existant dans Paris.

Le 26 octobre 1888, le secrétaire général de la Préfecture de police apportait les renseignements demandés par le Conseil. Il s'agissait d'indiquer le nombre :

a). Des infirmes mendiants, — vieillards, femmes et enfants, implorant la charité à poste fixe;

b). Des enfants mendiants pour leurs parents ou pour d'autres personnes;

c). Des individus, femmes ou enfants, demandant la charité en offrant soit des crayons, soit du papier à lettres, soit des plumes, soit des fleurs;

d). Des mendiants à domicile;

e). Des mendiants nomades.

L'enquête faite par les commissaires de police accusait un nombre de 4,500 à 5,000 mendiants et constaté, de l'avis de tous les agents, que le nombre des mendiants tend à s'accroître de jour en jour (1).

Prenons pour base le chiffre maximum qui est 5,000 mendiants pour une population de 2,344,550 habitants. Pour la population totale de la France qui est de 38,218,903 habitants, ce serait, par déduction, un nombre de 81,500 mendiants.

Ce chiffre risque de paraître un peu exagéré si l'on considère que les ressources de Paris, réelles ou présumées, et que les moyens d'assistance dont il dispose y attirent bon nombre de nécessiteux. L'enquête de l'inspection

---

(1) Cf. *Bulletin municipal*, numéro du 27 octobre 1888.

générale a constaté qu'en 1872, sur les assistés inscrits à Paris, 22,69 0/0 seulement étaient Parisiens(1), 70,64 0/0 étaient originaires des départements, et le reste (6,67 0/0) était composé d'étrangers, mais il ne faut pas conclure rigoureusement des indigents aux mendiants : la chasse à ces derniers est assez bien faite dans Paris pour qu'il soit permis de supposer qu'il n'y en a pas considérablement plus qu'en province, toutes proportions gardées. L'avouerons-nous ? Ce chiffre de 81,500 nous paraît trop beau, c'est-à-dire trop faible. Qu'on y songe, ce ne serait qu'une moyenne de 2,25 à 2,26 mendiants par commune (2). 2,26 pour moyenne de tous les mendiants valides et non valides ! Est-ce possible ? Comme la question serait vite réglée s'il en était ainsi : ce serait le résultat rapide de la création d'un bureau de bienfaisance dans toutes les communes et dans chaque syndicat de communes, à 19 fr. 50 par tête et par an, ce serait une ressource à trouver de (19,50 × 81,500) 1,589,250 francs par an. Il ne faudrait même pas un centime d'État pour y suffire. Décidément, c'est trop beau.

Mais, plus le chiffre est faible, moins notre comparaison entre les besoins qu'il accuse et les services rendus par les dépôts risquera d'être exagéré.

Nous avons vu qu'en 1893 les 28 dépôts dont il y a lieu de tenir compte ont reçu 5,389 pensionnaires. Combien faudrait-il de dépôts pour recevoir nos 81,500 mendiants ? Il en faudrait 423 !

Lorsque nous voyons, par les statistiques fournies au Conseil supérieur (3), qu'en l'année 1895 il est resté dans les hôpitaux 15,709 lits vacants sur 70,218, et dans les hospices, 10,772 sur 47,901 nous sommes partagés entre deux sentiments : l'un de regret à la pensée que plus d'une souffrance a dû rester sans soulagement, l'autre d'espérance en considérant qu'avec une plus large notion de la solidarité et une application plus intelligente de la loi (4) ces ressources seront prochainement utilisées.

Mais quand nous rapprochons le fonctionnement actuel des dépôts de mendicité des besoins auxquels ils devraient satisfaire, c'est, nous l'avouons, un sentiment de découragement qui s'empare de nous.

Ils nous paraissent à la fois insuffisamment et mal peuplés.

Il y a un mélange regrettable de valides et de non valides, — d'enfants, d'adultes et de vieillards. Sur 5,389 pensionnaires, nous y trouvons, en

---

(1) Maxime du Camp, dans *La Charité privée à Paris*, p. 400, dit que sur 200 personnes ecrées pendant une période assez courte à l'Hospitalité d'Auteuil, il y avait 35 parisiennes et 165 provinciales ou étrangères : 17,50 0/0 d'un côté, 82,50 0/0 de l'autre.
(2) Il y a en France 36,121 communes.
(3) Fascicule n° 8 : Établissements hospitaliers, Tableau, p. 28-39.
(4) Loi du 7 août 1851, article 3.

1886, 1,152 hospitalisés (77 0/0) contre 1,237 reclus, alors que ces derniers devraient en constituer l'unique population, si l'esprit de l'institution était respecté.

Si la population, dans son chiffre et dans sa composition, laisse beaucoup à désirer, l'organisation du travail y est moins satisfaisante encore. Nous avons vu que ce n'est pas la notion du travail qui domine au dépôt et que le travail qu'on y fait n'est de nature: ni à couvrir les frais, à cause du grand nombre des inoccupés, de ceux qui consomment sans produire (2,523 sur 5,389), soit 46,81 0/0; — ni, — ce qui est plus fâcheux encore, — à favoriser l'apprentissage par les pensionnaires de quelque métier qui leur permette ensuite de gagner leur vie, — ni à procurer même aux plus laborieuses (tant à cause de la brièveté du séjour que du médiocre rendement du travail), les moyens de se former un pécule qui leur permette, une fois sortis, de prendre le temps de trouver du travail sans retomber dans la mendicité.

De sorte que l'on a pu dire (1) : « Un individu qui sort du dépôt est rejeté dans la société aussi pauvre et souvent moins bon qu'il y était entré. »

Si l'article 271 du Code pénal était rigoureusement appliqué partout où il peut l'être, nous aurions moins de regrets à exprimer. Mais à notre avis, pour le rendre applicable, il faudrait le modifier d'abord en supprimant la peine de la prison pour le premier délit et en substituant à cette peine celle de l'internement immédiat au dépôt : il y aurait là une gradation dans la répression dont le caractère moral apparaît clairement. Il faudrait, en outre, que la durée de l'internement, au lieu de dépendre de l'arbitraire administratif, fût fixée par le tribunal(2). Nous avons, en effet, relevé à la charge de l'institution le caractère arbitraire que revêt la durée de l'internement : durée tantôt trop courte et tantôt trop longue, également en opposition dans l'un et l'autre cas avec le principe de la liberté individuelle, et, ce qui ne nous touche pas moins, avec la conception normale du dépôt, qui doit être une maison de travail où le séjour soit suffisant pour que l'interné s'y prépare à vivre en société en travaillant, mais qui ne doit être ni une prison ni un refuge définitif.

Ces considérations nous ont amenés à nous demander s'il n'y avait pas lieu de faire de la commune le centre même de l'assistance; l'exemple de l'Angleterre et de son organisation paroissiale de l'assistance pouvait nous tenter; mais le workhouse (sauf dans les communes très populeuses) et le

---

(1) Rapport de M. Monod, p. 1, ci-dessus.
(2) Cf. p. 23 du présent rapport.

taxe des pauvres nous ont plutôt effrayés que séduits; au surplus le nombre des mendiants en France est bien moindre qu'en Angleterre, où il n'y a guère d'intermédiaire entre la richesse et la misère. Mais nous avons pensé qu'il y avait un moyen terme entre l'institution du workhouse communal et l'absence de toute organisation : c'était la création dans toute commune ou syndicat de communes d'un bureau d'assistance, principe posé par la Révolution (1) et auquel la troisième République s'honorera de revenir.

Nous pensons qu'il faut s'inspirer plutôt de l'exemple de la Hollande, où le décret de 1808 et les dispositions de notre Code pénal ont été, jusqu'à ces dernières années (2), appliqués avec un succès qui rend plus pénible l'échec qu'ils ont subi chez nous. Il est vrai que la Hollande n'a pas entrepris d'instituer un dépôt dans chaque département ou province. Elle en a ouvert un seul pour tout le pays (3), à Ommerschans, avec succursale à Veenhuisen.

Ommerschans est un pénitencier à la fois agricole et industriel, dont les fermes qui composent le domaine Veenhuisen, constituent le quartier d'amendement.

Mais en même temps s'ouvrait, à Amsterdam, une maison des pauvres pour les malheureux qui ne peuvent trouver un abri, — les autres étant secourus à domicile.

Ce qui frappe dans cette organisation, c'est la séparation de la prévention et de la répression : la maison des pauvres, combinée avec les secours à domicile, voilà la part de l'assistance préventive; — la maison de travail, établissement correctionnel, voilà la part de la répression.

Le succès obtenu nous paraît être dû à cette distinction strictement observée et non à ce que le dépôt hollandais est une institution d'État, au lieu d'être, comme chez nous, une institution départementale. En effet, si l'on compare (4) l'étendue et la population de la Hollande à celles de la France, on estimera que celles-ci dépassent les limites d'une action centralisée, et que, en matière d'assistance, la décentralisation est le principe comme le secours à domicile est l'idéal.

---

(1) Loi du 7 frimaire an V.
(2) Le Code hollandais propre a été promulgué seulement en 1881.
(3) Rolin, *Hospitalité et Travail*, Paris, 1887, chez Monnerat, 18, rue de Lille.
(4) La superficie de la France est environ seize fois plus grande que celle de la Hollande; la population de la première (recensement de 1886) est neuf fois plus grande que celle de la ... le (recensement de 1885).

Si l'on pouvait appliquer l'antique règle posée en 567 par le concile de Tours : *Quæque civitas pauperes suos alito !* on serait bien près de la perfection. Il faut donc y tendre le plus possible en réduisant l'assistance par voie d'hospitalisation et en utilisant, partout où on le pourra, les organes de la bienfaisance privée.

Il nous a paru utile de présenter, sous la forme d'un projet de résolution, les idées qui découlent de ce travail et qui pourraient trouver place dans un projet de loi que le Conseil aurait à préparer sur la question de la mendicité.

le Rapporteur,

CHARLES DUPUY,

Député de la Haute-Loire.

PROJET DE RÉSOLUTION ADOPTÉ PAR LA IVe SECTION

I

La mendicité est interdite sur le territoire de la République.

Il sera créé un bureau d'assistance dans chaque commune ou syndicat de communes.

Des établissements seront créés pour réprimer la mendicité. Ils auront le nom et le caractère de maisons de travail. Ils ne recevront que des individus valides, âgés de seize ans au moins et de soixante-dix ans au plus, sous réserve de la disposition transitoire insérée à l'article 2, et relative à l'organisation de l'assistance publique.

Ces établissements seront ou départementaux ou communaux.

Deux ou plusieurs départements, deux ou plusieurs communes pourront se syndiquer pour les fonder, les administrer et les entretenir.

II

En attendant que les maisons de travail deviennent, à la suite de l'organisation de l'assistance publique, des établissements exclusivement répressifs :

1° Les départements et les communes pourront traiter avec des établissements privés approuvés à cet effet par des décrets rendus en Conseil d'État ; — ces établissements seront, autant que possible, des exploitations agricoles ;

2° Les pensionnaires des maisons de travail seront : soit des reclus volontaires, ayant leur domicile de secours dans un des départements ou dans une des communes contribuant à l'entretien de la maison de travail où ils se présenteront, et munis d'un certificat du maire de la commune de leur domicile attestant qu'ils n'ont pu se créer des ressources par leur travail au dehors ; — soit les reclus internés par application de l'article 274 du Code pénal.

III

La durée minimum du séjour sera fixée pour les reclus volontaires par les statuts de l'établissement et la durée maximum du séjour; pour les autres reclus, par les tribunaux ordinaires.

IV

À leur sortie, les reclus qui ne justifieront pas d'un travail assuré seront dirigés sur le lieu où ils ont leur domicile de secours; la commune de ce domicile payera les frais de rapatriement.

V

Un règlement d'administration publique, rendu après avis du Conseil supérieur des prisons, déterminera l'organisation intérieure de chaque nature de maison de travail, le mode d'occupation et d'entretien des internés, la composition du pécule de sortie.

VI

Une commission administrative sera préposée à chaque maison de travail. Elle élira son président. Le directeur assistera aux séances avec voix consultative.

Pour les maisons départementales, la commission sera nommée: moitié par les conseils généraux intéressés et moitié par le ou les préfets, sous l'approbation du ministre.

Tous les membres seront renouvelables par moitié tous les trois ans.

Pour les maisons communales, la commission sera nommée: moitié par les conseils municipaux intéressés et moitié par le préfet. Le renouvellement se fera tous les quatre ans.

La commission administrative fonctionnera également comme société de patronage ayant pour but de procurer du travail aux reclus sortants. Elle pourra s'adjoindre, à cet effet, autant de personnes qu'elle compte de membres, sous réserve de l'agrément préfectoral.

VII

L'ARTICLE 271 DU CODE PÉNAL

Texte en vigueur.

Toute personne qui aura été trouvée mendiant dans un lieu pour lequel il existe un établissement public organisé afin d'obvier à la mendicité, sera punie de trois à six mois d'emprisonnement, et sera, après l'expiration de sa peine, conduite au dépôt de mendicité.

Texte proposé par la 4e section.

Toute personne qui aura été trouvée mendiant dans un lieu pour lequel il existera un établissement public ou privé et autorisé spécialement à cet effet, organisé afin d'obvier à la mendicité, sera :

1° Si elle est Française, internée, pour la première fois, dans ledit établissement pour une durée de trois à six mois;

En cas de récidive, elle sera punie de trois à six mois d'emprisonnement et, après l'expiration de sa peine, conduite dans la maison de travail pour une durée de six mois à un an;

2° Si elle est étrangère, punie de un à trois mois d'emprisonnement, et, après l'expiration de sa peine, expulsée par application de l'article 7 de la loi du 3 décembre 1849.

VIII

LE DOMICILE DE SECOURS

Texte en vigueur.	Texte proposé par la 1re section.

Texte en rigueur.

DÉCRET DU 24 VENDÉMIAIRE AN II
(15 OCTOBRE 1793).

TITRE V. — *Du domicile de secours.*

ART. 2. — Le lieu de la naissance est le lieu naturel du domicile de secours.

ART. 3. — Le lieu de naissance pour les enfants est le domicile de la mère au moment où ils sont nés.

ART. 4. — Pour acquérir le domicile de secours, il faut un séjour d'un an dans une commune.

. . . .
. . . .

ART. 9. — Celui qui quittera son domicile pour en acquérir un second sera tenu aux mêmes formalités que pour le premier.

ART. 10. — Il en sera de même pour celui qui, après avoir quitté un domicile, voudra y revenir.

ART. 11. — Nul ne pourra exercer en même temps, dans deux communes, le droit de domicile de secours.

ART. 12. — On sera censé conserver son dernier domicile tant que le délai exigé pour le nouveau ne

Texte proposé par la 1re section.

La femme mariée a le domicile de secours de son mari.

L'enfant naturel a le domicile de secours de sa mère.

L'enfant légitime a le domicile de secours de son père.

Le domicile de secours se perd par une absence ininterrompue de deux ans.

Le domicile de secours s'acquiert par un séjour de deux ans dans une commune.

sera pas échu, pourvu qu'on ait été exact à se faire inscrire au greffe de la nouvelle municipalité.

ART. 13. — Ceux qui se marieront dans une commune et qui l'habiteront pendant six mois acquerront le droit de domicile de secours.

. . . .

Etc., etc.....

IX

Dans un délai à déterminer, chaque département devra être pourvu d'une ou de plusieurs maisons de travail. Le Conseil général fixera le contingent de chaque commune en tenant compte de ses ressources dans la dépense occasionnée par l'internement des mendiants ayant leur domicile de secours dans cette commune.

Il pourra exonérer de toute contribution les communes ayant créé pour leur usage une maison de travail.

Paris. — Imprimerie Nouvelle (association ouvrière), 11, rue Cadet. — R. Barré, dir. — 15-9